AF226938

SOCIÉTÉ D'AGRICULTURE DE LA HAUTE-GARONNE.

NOTICE NÉCROLOGIQUE

DE

M. Emile MARTIN baron de RANDAL

Par M. Carloman DE BASTOULH.

TOULOUSE

IMPRIMERIE DOULADOURE

ROUGET FRÈRES ET DELAHAUT, SUCCESSEURS

rue Saint-Rome, 39.

—

1871.

NOTICE NÉCROLOGIQUE

DE

M. ÉMILE MARTIN, Baron de RANDAL,

Par M. Carloman DE BASTOULH.

Séance du 4 février 1871.

Messieurs,

C'est une tâche bien douce à remplir, celle de vous rappeler une de ces rares existences où l'éloge peut seul trouver une place, celle où l'amitié recueille, à son tour, une consolation par cet adieu adressé à ceux qui nous furent chers. Tel est le premier sentiment que ma pensée vous exprime avant d'en avoir justifié l'application. C'est un premier hommage rendu à la mémoire du collègue dont vous m'avez chargé de retracer en peu de mots la vie et la coopération à vos travaux.

Dévouement au pays, à la famille, cœur généreux et loyal, âme ardente pour le bien, esprit actif et intelligent, affabilité dans les relations sociales, tels sont les traits principaux que nous présente la nature d'élite de celui que la mort nous a ravi. Ce n'est pas sans éprouver moi-même une vive émotion que je viens en ce moment vous parler d'un ami auquel votre Compagnie décerna souvent ses plus hautes dignités. Pendant longtemps, M. le baron de Randal contribua aux succès de la Société d'agriculture de Toulouse, soit par des communications, résultat d'observations toujours justes et éclairées, soit en présidant nos séances et en dirigeant avec méthode et impartialité les discussions auxquelles les lectures et les Mémoires donnaient lieu. Mais j'ai hâte de vous dire, dans ce court récit, ce que fut notre collègue et les motifs de nos regrets.

Emile MARTIN, baron de Randal, naquit à Ax. Sa famille, d'une ancienne et honorable bourgeoisie, avait constamment joui de l'estime et de la considération générales, récompense d'une vie consacrée au travail, et toujours guidée par une austère probité. Les opérations commerciales de M. Martin père ne se restreignaient pas au département de l'Ariége, sa patrie; elles s'étendaient aussi dans le royaume limitrophe du siége de ses affaires, jusqu'au moment où l'invasion espagnole força la famille à quitter son pays natal.

M. Martin vint à Toulouse pour y continuer son commerce et y faire élever ses enfants. Emile, son fils aîné, entra au collége de Sorèze, où son aptitude et son application le firent bientôt distinguer parmi ses nombreux condisciples. Rentré dans la maison paternelle, le jeune Martin fut destiné au négoce, dont les opérations lui devinrent bientôt familières, sous les yeux de son père, qu'il devait un jour remplacer, à la tête de la maison Martin aîné, fondée dans notre ville.

Mais la mort du chef de la famille vint changer ses résolutions. A cette époque de la vie où l'homme s'étudie lui-même, interroge et consulte ses goûts et ses tendances intimes, le jeune Martin quitta les affaires pour consacrer toute son activité à l'agriculture. La vie des champs, moins agitée que celle du négoce, souriait à son esprit, qui certes n'y cherchait pas les stériles douceurs de l'oisiveté. Plus tard, la Société d'agriculture l'appela dans son sein, où il fut accueilli avec empressement.

Par son mariage avec Mlle de Gentil-Baichis, M. Martin s'alliait à l'une des plus honorables familles de la ville de Limoux, en même temps qu'il s'attachait à la plus digne et à la plus aimable épouse, à celle qui fut la joie et le charme de sa vie, au foyer de la famille, et devait être la consolation de ses souffrances dans ses derniers jours. Il trouvait dans cette alliance un collègue qui nous est cher à plus d'un titre, l'un de nos bien-aimés présidents, qui, après avoir servi son pays, avec honneur, dans l'arme d'élite de l'artillerie, et mérité l'étoile des braves, est venu enrichir notre Compagnie par ses travaux agricoles, son esprit judicieux et son zèle infatigable ; il devenait encore l'allié d'un homme aussi distingué par les qualités du cœur que par tous les loyaux sentiments de l'homme de bien : j'ai nommé M. de Roussillou, d'Ax, qui fut longtemps Viguier de l'Andorre, pour la France, et a laissé dans cette paisible vallée de si flatteurs souvenirs.

Justement apprécié par les populations qui l'environnaient, notre collègue était bien digne de recevoir la preuve de leur confiance : appelé par les suffrages de ses concitoyens à l'honneur de représenter le canton d'Auterive dans le Conseil général de la Haute-Garonne, il apporta, pendant plusieurs années, le tribut de son intelligente application aux travaux de cette assemblée. Son zèle n'y demeura pas inactif, ni sa voix silencieuse, toutes les fois que les intérêts de l'agriculture ou de ses commettants eurent besoin d'être défendus. Les importantes fonctions de secrétaire qui lui furent souvent dévolues étaient un éclatant hommage offert à sa haute capacité. Longtemps Maire du chef-lieu de son canton, M. de Randal a laissé dans la ville d'Auterive les traces d'une administration sage et éclairée.

Dans ces fonctions diverses, constamment occupé de l'intérêt public, notre collègue, s'effaçant lui-même, mais accessible à tous, ne montrant de sa personnalité que l'obligeance et l'aménité de son caractère, trouva toujours un honneur et un plaisir à secourir le pauvre, à soulager l'infortune, tel était le but qu'il atteignit souvent.

Mais déjà tant de dévouement avait reçu une noble récompense. Le gouvernement de la restauration avait conféré à M. Martin de Randal le titre de baron, et tous ceux qui avaient pu apprécier ses éminentes qualités applaudirent à cette haute distinction. Il y puisa, sans nul doute, de nouveaux encouragements, car partout où il s'agissait d'un bienfait à réaliser, d'un labeur dont le prix fut dans la satisfaction de la conscience, on était sûr de le retrouver. C'est ainsi qu'une Société d'assurances, déjà fort ancienne chez nous, et qui s'honore par l'exactitude de son administration, l'appela dans son conseil où la révision de la comptabilité annuelle lui était toujours confiée par les représentants des sociétaires.

Après ce coup-d'œil, jeté rapidement sur la vie de M. de Randal, permettez-moi de rechercher encore plus près de nous, et dans une sphère d'activité qui nous est propre, les titres qui recommandent à notre Compagnie l'utile coopération de notre collègue. Nos Annales agricoles, dépositaires de ses travaux parmi nous, peuvent, au besoin, suppléer au défaut de mes souvenirs.

Il appartenait à l'esprit juste et pratique de M. de Randal de signaler d'assez nombreuses irrégularités dans la fixation de *l'impôt foncier ;* aussi s'efforça-t-il plusieurs fois, et dans des Mémoires communiqués à la Société d'agriculture, de prouver l'inégalité des charges pesant sur la propriété territoriale de notre département, et la nécessité de la péréquation de la contribution foncière. Les erreurs provenant du classement des terres et de l'évaluation du revenu furent surtout l'objet de ses critiques. Mais ces Mémoires, auxquels vous ne pouviez accorder que votre adhésion, durent avoir un succès plus réel au sein d'une autre assemblée qui trouve dans ses pouvoirs et son mandat la répartition de l'impôt du département.

L'apparition du décret du 14 janvier 1850, provoqua, de la part de notre collègue, toujours préoccupé des bésoins et des intérêts de notre agriculture méridionale, un remarquable Mémoire sur *la législation des céréales*. Ce décret, autorisant l'importation en franchise des blés étrangers pour la mouture, à la charge de réexportation, produisit de désastreux effets sur l'écoulement et les prix de nos récoltes du Sud-Ouest : il devint, comme personne ne l'ignore, la source de nombreuses fraudes. Je ne puis analyser ici un travail qui préludait aux unanimes doléances de notre agriculture, aux justes réclamations qui se produisirent, plusieurs années après, devant les Commissions lors de la grande mesure de l'enquête agricole demeurée sans résultat à l'endroit de tant de réformes sollicitées.

La résidence à peu près constante du propriétaire auprès de ses champs, doit être pour lui l'occasion de précieuses remarques, toujours profitables aux progrès de la culture. C'est un soin que M. de Randal ne négligeait pas ; aussi nous parlait-il, en 1851, d'une plante dont la vie végétale s'intercale parfaitement dans la plupart des assolements. *Le colza,* qui prospère dans les terres argilo-siliceuses, fut de sa part le sujet d'une utile communication. Les agriculteurs dont le sol offre les conditions signalées par l'auteur, doivent y trouver de nombreux enseignements sur les soins que réclame cette oléagineuse, aujourd'hui vulgarisée dans plusieurs localités de notre région.

Je ne veux pas trop multiplier mes citations, les travaux de notre collègue en fourniraient amplement la matière ; permettez-moi de vous dire du moins que ses *Chroniques agricoles* empruntaient principalement leur valeur à l'actualité et à la justesse de l'observation. Ainsi, vous donniez votre approbation à celle où il consignait de si utiles conseils pour atténuer le mal que l'hiver, exceptionnellement rigoureux de 1864, avait produit sur les semences d'automne. Les avoines surtout, plus sensibles que le froment, furent menacées d'une complète destruction. Nous aimons à rappeler les vraies indications de la science prémunissant le cultivateur contre des mesures trop radicales ou une imprudente confiance dans la réparation des funestes effets des fortes gelées.

Mais, je m'arrête, Messieurs, malgré l'insuffisance de ce court résumé. Il devrait vous paraître bien incomplet si vous m'aviez donné le mandat de reproduire même les principaux souvenirs qu'éveillaient en moi les œuvres de notre regretté collègue. Vous tous qui l'avez connu, vous trouveriez que j'ai été trop sobre de citations et d'éloges. J'aurais désiré qu'une plus large part m'eût été réservée, qu'il m'eût été donné de placer sous vos yeux avec plus de détail les titres nombreux qui recommandaient à votre Compagnie la mémoire de M. de Randal; mais il a bien fallu, malgré moi, restreindre le cadre de mon travail. La mort vient d'éclaircir nos rangs, et si des pertes récentes et multipliées réclament de nous, avec justice, ce même et pieux hommage, je dois céder la parole à ceux que vous avez chargés de ce devoir. Puissent ces quelques lignes, tracées par une main amie, témoigner d'une affectueuse estime et en légitimer l'expression.

Une vie de dévouement et de paisibles labeurs devait s'éteindre au milieu d'une famille éplorée et de tous les secours chrétiens. Notre collègue puisa dans la foi vive qui l'avait toujours animé, la force de supporter de longues et cruelles souffrances et la résignation dans les suprêmes adieux; laissant ainsi à ses enfants le plus précieux des héritages, l'exemple de sa piété et de ses sentiments religieux, avec l'éternel regret d'une perte irréparable. Tou-

tefois, si de grandes consolations peuvent adoucir l'amer-
tume de profondes douleurs, ne les trouvons-nous pas ces
consolations dans les deux enfants de M. de Randal, qui
nous offrent la continuation des pures traditions de famille et des nobles exemples qu'ils ont reçus ? Ne sont-ils
pas fidèles aux enseignements du père qu'ils chérissaient ?
Son fils, M. le baron de Randal, officier distingué dans l'artillerie, sorti de cette école dont l'accès n'est ouvert qu'au
talent et à l'application, son fils, sans attendre d'être rétabli
d'une longue maladie, consultant moins ses forces que son
devoir, se hâta d'aller reprendre son poste aux premiers bruits
de guerre qui menacèrent la France. Hélas ! aujourd'hui,
comme tant d'autres braves, il languit sur la terre étrangère,
comme eux déplorant les malheurs de la patrie, à laquelle il
ne peut offrir le secours de son bras. Sa fille, mariée à l'un
de nos collègues, M. Gantier, a, dans son abnégation de
mère et son dévouement à une sainte cause, vu partir avec
joie son fils unique, officier des mobiles de la Haute-Garonne,
soldats improvisés qui nous ont prouvé plusieurs fois, en
combattant contre des troupes dès longtemps aguerries, que
le courage et la valeur militaire sont innés chez le français.

Toulouse, Impr Rouget frères et Delahaut, rue Saint-Rome, 39.